Dieses Buch gehört

....

Copyright © BPA Publishing Ltd 2020

Autor: Pip Reid

Illustrator: Thomas Barnett

Kreativdirektor: Curtis Reid

www.biblepathwayadventures.com

Vielen Dank für die Unterstützung von den Bible Pathway Adventures®. Unsere Abenteuer-Reihe hilft Erwachsenen dabei, Kindern Inhalte der Bibel auf kreative Art und Weise beizubringen. Konzipiert für die ganze Familie, ist das Ziel der Bibel Pfad Abenteuer, die christliche Nachfolge weltweit zurück in das Zuhause von Familien zu bringen.
Die Suche nach der Wahrheit macht mehr Spaß, als in Traditionen zu verharren!

Die moralischen Rechte des Autors und Illustrators wurden geltend gemacht, dieses Buch ist urheberrechtlich geschützt.

ISBN: 978-1-989961-44-5

Simson der Mächtige Krieger

Die Abenteuer von Simson

„Kein Schermesser soll auf sein Haupt kommen, denn das Kind soll vom Mutterleib an ein Nasiräer Gottes sein, und er wird damit beginnen, Israel vor der Macht der Philister zu retten". (Richter 13:5)

Als die Israeliten damit begannen, Jahwe, dem Gott Abrahams, Isaaks und Jakobs, ungehorsam zu sein, war er nicht erfreut. Warum konnten sie nicht einfach seinen Anweisungen gehorchen, anstatt falsche Götter anzubeten? Er beschloss, die Israeliten zu bestrafen, indem er die furchterregenden Philister schickte, um sie zu unterdrücken.

Die Israeliten mochten die Philister nicht. Sie waren niederträchtig und grausam, und sie mochten einen guten Kampf. Sie griffen oft die israelitischen Dörfer an und stahlen den Leuten ihren Besitz. Sie machten das Leben aller Menschen unglücklich.

Aber der Vater liebte das Volk Israel immer noch. Und er hatte einen Plan, sie zu retten. Dieser Plan beinhaltete einen Jungen namens Simson. Er würde zu einem mächtigen Krieger heranwachsen, der helfen würde, die Israeliten vor den Philistern zu retten.

Wusstest du schon?

Viele Menschen glauben, dass es verschiedene Bezeichnungen für Gott gibt. Diese sind Jah, Jahweh, Yahuah, und viele mehr.

Eines Tages, als eine israelische Frau auf den Feldern beschäftigt war, schickte Gott einen Engel zu ihr. „Hör zu!", sagte der Engel. „Trinke keinen Wein und esse nichts Unreines. Bald wirst du einen kleinen Jungen bekommen. Er wird ein Nasiräer sein, ein Mensch bestimmt dazu, Gott zu dienen. Schneide ihm nicht die Haare."

Die Frau konnte kaum ihren Ohren trauen. Sie eilte zu ihrem Mann, der Manoach hieß. „Ein Fremder kam zu mir", sagte sie. „Sein Gesicht war furchterregend wie ein Engel. Er sagte, dass wir bald ein Kind bekommen werden!"

„Schickt den Engel, um uns zu lehren, wie wir dieses Kind erziehen sollen", sagte Manoach. Und Gott tat dies. Als der Engel fertig gesprochen hatte, holte Manoach eine Ziege und opferte sie auf einem Steinaltar.

Die Flammen vom Altar stiegen hoch in die Luft. Plötzlich schoss der Engel in das Feuer hoch und verschwand. Dies war kein gewöhnlicher Engel! Manoach und seine Frau fielen voller Angst zu Boden. „Wir werden sicher sterben, weil wir Gott gesehen haben", sagten sie.

Später in diesem Jahr bekam Manoachs Frau einen kleinen Jungen. Sie nannte ihn Simson, genau wie der Engel es ihnen gesagt hatte. Als Simson älter wurde, wurde er groß und stark. Da seine Mutter angewiesen worden war, ihm nicht die Haare abzuschneiden, wurden seine Haare dick und lang.

Auch wenn Simson für Gott bestimmt war, gehorchte er Ihm nicht immer. Eines Tages, als er erwachsen war, traf er eine schöne Philisterin aus dem Dorf Timna. Er sagte zu seinem Vater: „Ich möchte dieses Mädchen heiraten. Hole sie für mich."

Simsons Eltern waren schockiert. Gott hatte den Hebräern gesagt, sie sollten diese Leute nicht heiraten oder ihre Lebensweise nachahmen. „Warum heiratest du nicht ein hebräisches Mädchen?", sagten sie. „Warum musst du eine Philisterin heiraten?", sagten sie. Die Philister haben ihre eigenen Bräuche und Götter." Aber Simson hörte nicht auf sie. „Hol mir das Mädchen. Ich mag sie", sagte er. Simsons Eltern ahnten nicht, dass Gott wollte, dass dies geschah, um Ärger mit den Philistern zu verursachen.

Gemeinsam machten sich Simson und seine Eltern auf den Weg, um das Philistermädchen zu treffen und Pläne für die Hochzeit zu schmieden. Damals dauerte ein Hochzeitsfest sieben Tage, so dass es viel zu organisieren gab! In der Nähe von Timna kamen sie zu einem Weinberg, der vor Trauben strotzte. Aufgrund seines nasiräischen Gelübdes konnte Simson nichts essen oder trinken, was aus Trauben hergestellt war, auch keine Rosinen und keinen Wein. Er nahm einen anderen Feldweg als seine Eltern.

Plötzlich sprang ein junger Löwe aus den Reben. *„RRRRRROOOOAARRRR!"* brüllte der Löwe. Er ging mit seinen scharfen Zähnen und Krallen auf Simson los. Aber der Geist Gottes kam über Simson, und er fürchtete sich nicht. Mit bloßen Händen packte er den Löwen und riss ihn in Stücke wie eine junge Ziege. Aber er hielt es geheim und sagte seinen Eltern nicht, was er getan hatte.

Eine Weile später kehrte Simson auf demselben Weg zurück, um seine Braut zu heiraten. Als er an dem toten Löwen vorbeikam, sah er, dass Bienen in seinem Körper einen Bienenstock gebaut hatten.

Später in dieser Woche begannen in Timna die Hochzeitsfeierlichkeiten. Simsons Schwiegervater lud dreißig junge Männer ein, sich ihnen anzuschließen. Die Musiker schlugen die Trommeln, und die Gäste tanzten und aßen, bis sie satt waren. Um sich die Zeit zu vertreiben, gab Simson ihnen ein Rätsel auf. *„Va yomer lahem me ha ochel yatsa maachal, u me az yatsa matok"*, was bedeutete: „Aus dem Esser kam das Essen, aus dem Starken kam die Süße".

„Wenn ihr das Rätsel lösen könnt", sagte Simson, „gebe ich euch dreißig Garnituren mit schöner Bekleidung. Wenn ihr das Rätsel nicht lösen könnt, müsst ihr mir dreißig Bekleidungsgarnituren geben".

Drei Tage lang versuchten die jungen Männer, das Rätsel zu lösen. Aber egal, wie sehr sie es auch versuchten, sie konnten die Antwort nicht finden. Während sie Simsons Braut anstarrten, sagten sie: „Dieser Israelit lässt uns wie Narren aussehen. Besorg uns die Antwort, oder wir werden das Haus deines Vaters und dich darin niederbrennen."

Wusstest du schon?

Löwen waren unreine Tiere. Nasriden waren unter keinen Umständen dazu bestimmt, tote oder unreine Körper zu berühren.

Simsons verängstigte Braut warf sich vor ihm hin. „Du musst mir die Antwort auf das Rätsel geben", rief sie. Simsons Antwort war nein! Aber nach ein paar Tagen wurden Simsons Ohren müde davon, ihr Weinen zu hören. Er gab ihr die Antwort, und im Gegenzug sagte sie es den Hochzeitsgästen.

Die Gäste lachten den ganzen Abend über ihr Glück. Sie gingen zu Simson und sagten: „Was ist süßer als Honig? Und was ist stärker als ein Löwe?" Simsons Augen flammten vor Wut auf. Er wusste, dass er ausgetrickst worden war. „Wenn du nicht mit meiner Kuh gepflügt hättest, wüsstest du die Antwort auf mein Rätsel nicht", donnerte er.

Der Geist Gottes kam wieder über Simson. Er spannte seine prallen Muskeln an, marschierte in eine nahe gelegene Stadt, tötete dreißig Philister und gab ihre Kleidung den Hochzeitsgästen. Dann schritt er ohne seine Braut nach Hause zurück. Simsons Kampf mit den Philistern hatte begonnen.

Wusstest du schon?

Zur Zeit von Simson war eine Lieblings-Party-Beschäftigung das Rätselraten.

Um das Schawuot-Fest herum, als der Weizen zur Ernte bereit war, ging Simson zurück nach Timna, um seine Braut zu finden. Aber sie war mit jemand anderem verheiratet. „Du bist weggelaufen, also habe ich meine Tochter einem anderen Mann gegeben", sagte ihr Vater. „Nimm ihre jüngere Schwester. Sie ist noch hübscher."

Simson brüllte vor Wut. Wie konnte seine Braut es wagen, einen anderen zu heiraten! Er beschloss, den Philistern eine Lektion zu erteilen. Er fing 300 Füchse, stellte sie paarweise auf und band brennende Fackeln an Ihre Schwänze. Die Füchse rannten in Panik durch die Felder und setzten alles in Brand, was ihnen in die Quere kam. Der gesamte Weizen brannte zu schwarzer Asche nieder.

Als die Bauern ihre leeren Felder sahen, waren sie wütend. „Simson hat unsere Ernte vernichtet", riefen sie, „und das ist die Schuld seines Schwiegervaters". Sie fanden Simsons Braut und ihren Vater und verbrannten beide zu Tode. Simson war noch wütender als zuvor. Aus Rache griff er die Philister an und tötete viele Männer. Dann floh er in die israelitische Stadt Lechi und versteckte sich in einer felsigen Höhle.

Entschlossen, Simson in die Finger zu bekommen, schickten die Philister Soldaten zu Lechi, um ihn zu finden. „Hilf uns, diesen Rohling zu fangen, und wir werden euch in Ruhe lassen", sagten sie zu den Israeliten. Die Israeliten stimmten schnell zu. Sie waren des Ärgers, den Simson verursachte, überdrüssig.

Die Israeliten wussten, dass Simson groß und stark war. Sie schickten 3.000 Männer in die Höhle, um ihn zu finden. Als sie die Höhle erreichten, sagten sie zu Simson: „Was tust du uns an? Die Philister sind unsere Herrscher. Wir müssen dich ihnen ausliefern, bevor du noch mehr Ärger machst." Sie fesselten ihn mit neuen Seilen und ließen ihn nach Lechi marschieren.

Sobald die Philister Simson sahen, riefen sie lauthals und rannten mit ihren Schwertern und Speeren auf ihn zu. Aber Simson war kampfbereit! Als er die Seile von seinen Armen riss, fand er einen Eselskiefer auf der Straße liegen und benutzte ihn, um tausend Soldaten zu töten. Die Philister waren dem mächtigen Simson nicht gewachsen.

Viele Jahre lang richtete Simson über die Israeliten. Richter waren Militärkommandanten, die große Entscheidungen trafen und halfen, das Volk Israel zu regieren. Es war eine wichtige Aufgabe, aber Simson konnte sich nicht lange aus Schwierigkeiten heraushalten.

Eines Tages besuchte Simson eine Philisterin in der Stadt Gaza. Die Nachricht von seiner Ankunft verbreitete sich schnell in der ganzen Stadt. „Lasst uns Simson am Morgen töten, wenn er geht", sagten die Leute. Sie umstellten das Haus, in dem Simson wohnte, und stellten ihm am Stadttor eine Falle.

Simson wusste, dass etwas nicht stimmte. Er sprang aus dem Bett und marschierte durch die Straßen zum Stadttor. Mit aller Kraft riss er die Türen vom Tor, warf sie auf seine Schultern und kletterte auf die Spitze eines Hügels, von dem aus man die Stadt überblicken konnte. Simson stand im Mondlicht und starrte auf die Stadt hinunter. „Die Philister werden mich nie und nimmer besiegen", sagte er und lachte tief.

Einige Zeit später verliebte sich Simson in eine schöne Philisterin namens Delilah. Als die Häuptlinge der Philister von Delilah hörten, rieben sie sich vor Aufregung die Hände. Sie wussten alles über Delilahs bösartiges Verhalten. „Jetzt ist unsere Chance, Simson gefangen zu nehmen", sagten sie.

Die Häuptlinge sprangen in ihre Streitwagen und rasten zu Delilahs Haus, um sie zu sehen. „Wenn Simson dich das nächste Mal besucht, trickse ihn aus, damit er dir das Geheimnis seiner Stärke verrät", sagten sie. „Wenn du das tust, versprechen wir, dir viel Geld zu geben."

Delilahs Augen leuchteten auf. Sie mochte die Idee, solche Reichtümer zu verdienen! Sie erklärte sich gerne dazu bereit, den Häuptlingen zu helfen. Die Häuptlinge waren auch glücklich. Obwohl Simson stärker war als sie alle, wussten sie, dass er Frauen sehr liebte. Sie versteckten sich in Delilahs Haus und warteten auf die Ankunft ihres Feindes.

Wusstest du schon?

Simson stammte vom Stamme Dan, einem der zwölf Stämme Israels. Zum Stamm gehörten die Nachkommen von Dan, einem Sohn von Jakob und Bilhah (Rahels Magd).

Die Philister-Häuptlinge brauchten nicht lange zu warten. In dieser Nacht kam Simson zu Delilah nach Hause, um sie zu sehen. Sie schmiegte sich an ihn und lächelte. „Simson, was macht dich so stark?", fragte sie sanft. „Wenn dich jemand fesseln wollte, wie könnte er das tun?"

Simson war zu clever, um sich von Delilah in eine Falle locken zu lassen. Er wusste, dass Gott ihm seine Kraft nehmen würde, wenn er sich die Haare abschneiden würde. Er erzählte ihr eine Lüge und sagte: „Wenn du mich mit sieben frischen Bogensehnen fesselst, die nie getrocknet worden sind, werde ich kraftlos."

Als die Philister-Häuptlinge hörten, was Simson sagte, fanden sie sieben frische Bogensehnen, die noch nicht getrocknet worden waren. Sie brachten diese zu Delilah, und sie fesselte Simson damit, als er schlief. „Beeil dich! Die Philister sind hier für dich!", rief sie. Aber die Philister waren Simson nicht gewachsen. Er sprang auf seine Füße und zerriss die Bogensehnen wie Zweige. „Das ist nicht das Geheimnis von Simsons Stärke", murmelten sie verärgert.

„Du machst mich zum Narren und sagst mir nicht die Wahrheit", sagte Delilah. „Sag mir, wie ich dich fesseln kann." Simson log sie erneut an und sagte: „Wenn du mich mit neuen Seilen fesselst, die noch nie benutzt wurden, werde ich kraftlos."

Sobald Simson eingeschlafen war, tat Delilah genau das. „Simson, die Philister sind hier für dich", sagte sie. Doch bevor die Philister ihn packen konnten, sprang Simson auf seine Füße und befreite sich von den Seilen.

Delilah gab nicht auf. „Lüg mich nicht an", sagte sie und stampfte mit den Füßen. „Wenn du mich lieben würdest, würdest du mir sagen, wie ich dich fesseln soll." Simsons Augenbrauen schossen hoch. Er starrte sie argwöhnisch an. „Wenn du sieben Locken meines Haares in einem Webstuhl verwebst, werde ich kraftlos," sagte er.

In dieser Nacht lullte Delilah Simson in den Schlaf. Dann nahm sie sieben Haarlocken und webte sie in ihren Webstuhl. „Simson, die Philister kommen!", sagte sie. „Beeil dich!" Simson erwachte aus seinem Schlaf, zog seine Haare vom Webstuhl los und schlüpfte aus dem Haus. Die Philister schäumten vor Wut. „Das ist nicht das Geheimnis von Simsons Stärke", sagten sie und drohten mit Ihren Fäusten.

Delilah wurde noch entschlossener, die Antwort zu finden. Tag für Tag bat sie Simson, ihr das Geheimnis seiner Stärke zu verraten. Simson wurde es leid, dass sie ihn belästigte. Schließlich sagte er ihr die Wahrheit. „Aufgrund meines nasiräischen Gelübdes habe ich mir nie die Haare geschnitten. Wenn du mir die Haare schneidest, werde ich kraftlos sein wie andere Männer."

Delilah wusste, dass Simson die Wahrheit sagte. Sie schickte eine Botschaft an die Philister Häuptlinge mit den Worten: „Kommt noch einmal her. Simson hat mir das Geheimnis seiner Stärke verraten."

Die Philister-Häuptlinge waren begeistert, von Simsons Geheimnis zu erfahren. Sie sprangen in ihre Streitwagen und rasten mit Säcken voller Geld zu Delilahs Haus. „Jetzt ist unsere Chance, Simson ein für alle Mal gefangenzunehmen", riefen sie.

Wusstest du schon?

Der Prophet Samuel war auch ein Nazarit. Dies bedeutet, dass er dafür bestimmt war Gott zu dienen. Viele Bibelwissenschaftler glauben, dass Samuel sich deshalb nie die Haare geschnitten hat.

An diesem Abend, nachdem Simson sich schlafen gelegt hatte, bat Delilah einen Mann, ihm die Haare abzurasieren. Dann begann sie, Simson zu necken. „Simson, die Philister sind hier für dich", flüsterte sie ihm ins Ohr.

Simson wachte auf und versuchte, aufzuspringen. Doch diesmal konnte er sich nicht befreien. Seine Kraft war weg! Die Philister drangen in sein Zimmer ein, stachen ihm die Augen aus und zerrten ihn in Ketten als ihren Gefangenen fort.

Simson wurde zum berühmtesten Gefangenen des Landes. Jeden Tag zwangen ihn die Philister im Gefängnis zu der Arbeit, Getreide zu mahlen. Und jede Nacht sperrten sie ihn in eine kalte, leere Zelle, damit er nicht entkommen konnte. Aber langsam wuchsen Simsons Haare nach.

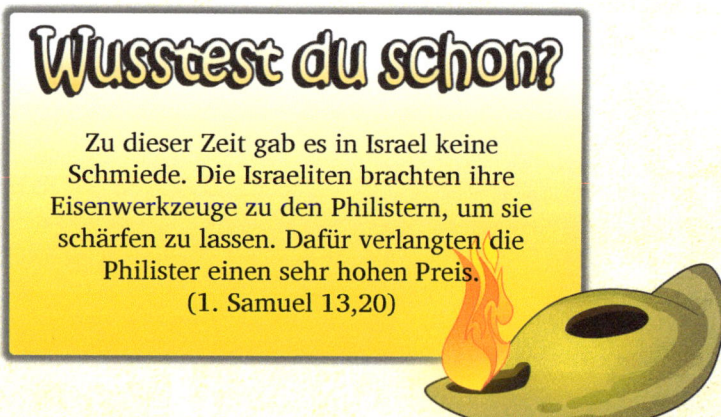

Wusstest du schon?

Zu dieser Zeit gab es in Israel keine Schmiede. Die Israeliten brachten ihre Eisenwerkzeuge zu den Philistern, um sie schärfen zu lassen. Dafür verlangten die Philister einen sehr hohen Preis.
(1. Samuel 13,20)

Eines Tages versammelten sich die Philister in ihrem Tempel, um ihrem Fischgott Dagon ein Opfer zu bringen und ihr Glück zu feiern. „Unser Gott hat uns Simson in unsere Hände gegeben", sagten sie. „Holt ihn, damit wir diesen Israeliten verspotten können."

Simson wurde vor allen Leuten im Tempel vorgeführt. Voller Glauben betete er ein letztes Mal: „Gott, gib mir Kraft, damit ich mich an den Philistern rächen kann." Sofort kehrte der Geist Gottes zu Simson zurück und gab ihm große Kraft. Er holte tief Luft, streckte seine Arme aus und legte beide Hände auf die Säulen, die den Tempel stützten. „Lasst mich mit den Philistern sterben!", rief er. Er drückte mit aller Kraft gegen die Säulen.

BUUUUUM!! Das Dach des Tempels stürzte in einer großen Staubwolke herab. Rundherum krachte und zerschlug und zerbrach alles. Jeder im Tempel, einschließlich die Philister-Häuptlinge und Simson, starben an diesem Tag. Gott hatte sein Versprechen gehalten. Er hatte seinen mächtigen Krieger Simson eingesetzt, um die Israeliten von den Philistern zu befreien.

ENDE

Teste Dein Wissen!
(Vergleiche die Antworten mit den Fragen am Seitenende)

FRAGEN

Wer sagte Simsons Vater, dass er einen Sohn bekommen würde? ....

Welche wichtigen Anweisungen hat ein Engel Simsons Mutter gegeben? ....

Welches Tier hat Simson mit bloßen Händen getötet? ....

Woher wussten die Hochzeitsgäste die Antwort auf Simsons Rätsel? ....

Wie viele Füchse hat Simson gefangen? ....

Wie viele Philister hat Simson mit einem Eselskieferknochen getötet? ....

Wie viele Jahre hat Simson die Israeliten gerichtet? ....

Wie viel Silber hat jeder Philisterkönig Delilah angeboten, um Simson zu verraten? ....

Was geschah mit Simson, als ihm die Haare abrasiert wurden? ....

Welches Philister Gebäude hat Simson zerstört? ....

ANTWORTEN

1. Engel Gottes
2. Trinke keinen Wein, esse nichts Unreines und schneide nicht Simsons Haare
3. Ein Löwe
4. Die Braut von Simson sagte es ihnen
5. 300 Füchse
6. 1000
7. Zwanzig Jahre
8. 1100 Silberstücke
9. Er wurde kraftlos
10. Der Dagon-Tempel

Löse das Wortsuchrätsel

HONIG SIMSON
ENGEL DELILAH
PHILISTIN SEILE
NAZARIT SÄULE
HAARE TEMPEL

```
H S Ä U L E N K E P
H A H T Q R A X N H
S B A T W W Z G G I
P I C R G Z A R E L
L J M H E B R L L I
L C L S S E I L E S
T G K K O P T U O T
H O N I G N F A E I
T E M P E L M B L N
Y D E L I L A H B I
```

Bible Pathway Adventures®

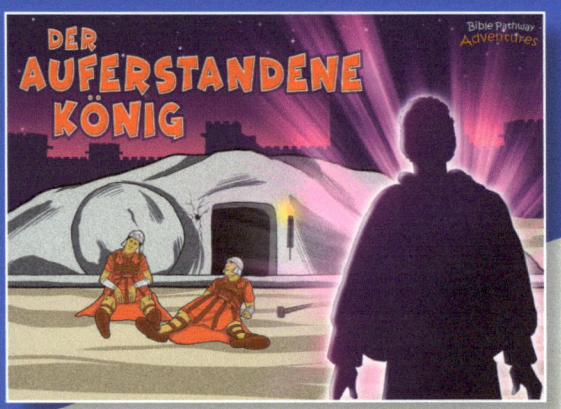

Der Kampf mit dem Riesen

Die Geburt des Königs

Die Sintflut

Schiffbrüchig!

Flucht aus Ägypten

Der Exodus

Den Löwen zum Frass vorgeworfen

Der Verrat des Königs

Der auferstandene König

Verkauft in die Sklaverei

Die auserwählte Braut

Solomon der Tempelbauer

Verschluckt von einem Fisch

Entdecke mehr Bibel Geschichten von Bible Pathway Adventures!

Lesen Sie die Aktivitätsbücher von Bible Pathway Adventures

GEHEN SIE ZU

www.biblepathwayadventures.com

www.ingramcontent.com/pod-product-compliance
Lightning Source LLC
Chambersburg PA
CBHW041429080526

44579CB00021B/50